VIGIAI
UMA HORA COMIGO

SETE DIAS DE ORAÇÃO PARA OBTER MADRUGADAS DE BÊNÇÃOS

CB062889

Pe. Heitor de Menezes, CMF

VIGIAI
UMA HORA COMIGO

SETE DIAS DE ORAÇÃO PARA OBTER MADRUGADAS DE BÊNÇÃOS

EDITORA
AVE-MARIA

© 2014 by Editora Ave-Maria. All rights reserved.
Rua Martim Francisco, 636 – 01226-000 – São Paulo, SP – Brasil
Tel.: (11) 3823-1060
Televendas: 0800 7730 456
editorial@avemaria.com.br • comercial@avemaria.com.br
www.avemaria.com.br

ISBN: 978-85-276-1517-4

Capa: Rui Joazeiro

2. ed. – 2016

Dados Internacionais de Catalogação na Publicação (CIP)
Angélica Ilacqua CRB-8/7057

Menezes, Heitor de
Vigiai uma hora comigo! Sete dias de oração para obter
madrugadas de bênçãos / Heitor de Menezes. – São Paulo:
Editora Ave-Maria, 2014. 96 p.

ISBN: 978-85-276-1517-4

1. Orações I. Título

14-0556	CDD 242.2

Índice para catálogo sistemático:
1. Orações   242.2

Diretor Geral: Marcos Antônio Mendes, CMF
Diretor Editorial: Luís Erlin Gomes Gordo, CMF
Gerente Editorial: Valdeci Toledo
Editor Assistente: Isaias Silva Pinto
Preparação e Revisão: Lucrécia Freitas e Lígia Terezinha Pezzuto
Diagramação: Carlos Eduardo P. de Sousa
Impressão e acabamento: Gráfica Ave-Maria

CLARET
PUBLISHING GROUP

A Editora Ave-Maria faz parte do Grupo de Editores Claretianos
(Claret Publishing Group).
Bangalore • Barcelona • Buenos Aires • Chennai • Colombo • Dar es Salaam
• Lagos • Macau • Madri • Manila • Owerri • São Paulo • Varsóvia • Yaoundé

Para Dona Geruza,
minha mãe,
que me ensinou o itinerário
rumo a Deus.

Ao Pe. Luís Erlin,
pelo apoio e amizade.
A Gabriel Coutinho Júnior
e Maria Maciel,
pela dedicação, ajuda e incentivo.

Sumário

Apresentação 11
Introdução 15

Parte I

A madrugada 21
Faça-se a luz! 23
O drama da vida 27
O caminho da escuridão 31
Entendendo o pecado 33
Itinerário rumo a Deus 43
"Orai sem cessar" (1Ts 5,17) 47

Parte II

Sete dias de oração durante a madrugada ... 53
Oração para todos os dias da semana 57
1º dia: Vencendo o orgulho da vaidade
   pela humildade 61
2º dia: Contra a inveja, a caridade 65

3º dia: Contra a amargura da ira,
a doçura da mansidão 69
4º dia: De um eu avarento, para um
ser generoso 73
5º dia: Da escravidão da luxúria, para um
amar na castidade 77
6º dia: A infelicidade da gula superada pela
firmeza da temperança 81
7º dia: Mortificar a preguiça com o zelo
do trabalho 87

Considerações finais 93

Apresentação

> Com minha alma Te desejei
> de noite e com o meu espírito,
> que está dentro de mim,
> madruguei a buscar-te.
> Is 26,9

"Vigia e orai" (Mt 26,38) foi o convite que Jesus fez a três dos seus apóstolos, os mais íntimos, quando subiu ao Getsêmani na madrugada da crucifixão, e lá viveu sua angústia humana mortal. Ali se encontrava a verdadeira humanidade do Filho de Deus que expressava tristeza, abandono, temor diante da morte próxima. A oração de Jesus ao Pai expressava o limite humano quando se perde o sentido da vida e se coloca à prova a fé diante do silêncio de Deus.

Assim como Jesus, nós também subimos ao monte da agonia e, muitas vezes, nas madrugadas de nossa vida, rezamos angustiados diante do silêncio de Deus. Tal qual Jesus, nós também queremos companhia no momento de angústia, e, também como Ele, não encontramos. Os três amigos do Mestre adormeceram, ressaltando o sentimento de abandono e de solidão do homem Jesus.

Neste septenário, convidamos você a fazer o percurso em busca da graça santificante, rezando e meditando sobre os limites humanos expressos em nossos defeitos ou fraquezas que se destacam em nossa humanidade, os chamados sete pecados capitais, pois deles é que se originam outros pecados tanto mais graves. Assim, é preciso vigília, pois o mal não está somente ao nosso redor, mas também dentro de cada um de nós.

Antes, vivíamos segundo a carne, segundo o velho homem – o que significa viver conforme a natureza adâmica e pecadora. O velho homem é rebelde, orgulhoso, egoísta, mau, impuro, viciado em desejos enganosos (o que é mau, ele vê como bom) e dominado por impulsos e sentimentos negativos e perniciosos como raiva, rancor, cobiça, inveja etc. O resultado de viver dessa forma é a morte espiritual (separado de Deus), além da tristeza, amargura, desânimo. Agora somos parte da nova criação. Fomos resgatados pelo próprio Deus que, desde toda a eternidade, decretou que seu Filho divino viesse a este mundo para nos resgatar e vivermos a partir das virtudes que nos ajudam a nos aproximar de Deus – a humildade, a caridade, a mansidão, a generosidade, a castidade, a temperança, o zelo.

Fazer este itinerário de sete dias de oração é realizar a busca pela santidade outrora perdida na criação pelos nossos primeiros pais, de quem herdamos a culpa original. Como parte da nova criação em Cristo, escolhemos amar a Deus e provar esse amor pela obediência a Ele, a fim de glorificá-lo no tempo e na eternidade.

Além do pecado original, temos de enfrentar o pecado atual, o nosso pecado, aquele que nós mesmos cometemos a partir das más inclinações. Por isso, vigiar e orar se faz necessário, sobretudo quando entramos na madrugada da vida e experimentamos nosso limite humano. Como Jesus que, no limite da sua humanidade, rezou na madrugada solitariamente, a nossa proposta é que, ainda que solitários, rezemos por nós e pelo outro que vive o mesmo drama humano de ser gente.

Cada dia deste septenário, e cada vez que o rezarmos, descobriremos algo em nós que precisa ser transformado – e isso é bênção, é graça, é vencer o próprio limite, deixando nosso comodismo espiritual e combatendo nossos defeitos com as virtudes que possuímos. Toda vez que, no silêncio da madrugada, fizermos isso, nasceremos novamente e, do nascimento, aprenderemos tudo mais uma vez.

Pe. Heitor de Menezes, CMF

Introdução

Encontramos na Bíblia várias referências àqueles que se apressam em buscar a Deus de madrugada:

- Abraão, o Pai da fé, levantava de madrugada para buscar a Deus: "Tendo-se levantado Abraão de madrugada, foi para o lugar onde estivera na presença do Senhor" (Gn 19,27).

- Jacó, o homem que lutou com Deus e venceu, levantava de madrugada: "Tendo-se levantado Jacó, cedo, de madrugada..." (Gn 28,18).

- Moisés, líder guia do povo de Deus, levantava de madrugada: "Moisés escreveu todas as palavras do Senhor e, tendo-se levantado pela manhã de madrugada, edificou um altar ao pé do monte..." (Ex 24,4).

- Jesus, nosso Mestre e exemplo na comunhão com o Pai, levantava de madrugada: "Tendo-se levantado alta madrugada, saiu, foi para um lugar deserto e ali orava..." (Mc 1,35).
- Os apóstolos, seguindo o exemplo do Mestre Jesus, levantam de madrugada para ir ao Templo: "De manhã bem cedo, entraram no templo..." (At 5,21).

Há na Sagrada Escritura ainda muitos outros exemplos de pessoas que fizeram muito por Deus por tê-lo buscado de madrugada:

- Josué (Js 3,1; 7,16).
- Gedeão (Jz 6,38).
- Ana e Eucana (1Sm 1,19).
- Samuel (1Sm 15,12).
- O rei Davi (1Sm 17,20).
- O fiel Jó (Jó 1,5).
- Maria Madalena (Jo 20,1).

Esses o acharam. É particularmente na paz da madrugada, na noite silenciosa e profunda, na harmonia e na quietude da vida, que mais facilmente podemos ouvir a voz de Deus e encontrá-lo em tudo aquilo que a vida tem.

Porém, queremos entender a madrugada. Não só ou exclusivamente a hora do dia na qual tudo é silêncio, quando todos dormem, mas também o estado da alma que caminha na penumbra da vida, pois é também nessa hora que o silêncio grita, o medo desperta, a insegurança reaviva, a fé adormece e nasce no interior do ser humano uma confusão de sentimentos que pode conduzi-lo a realizar o mal que não deseja, mesmo reconhecendo o bem. Esse período sombrio no qual o ser humano mergulha é consequência de um meio que insiste em apagar a autêntica Luz.

Parte I

É de manhã
É de madrugada
É de manhã
Não sei mais de nada
É de manhã
Vou ver meu amor

É de manhã
Vou ver minha amada
É de manhã
Flor da madrugada
É de manhã
Vou ver minha flor

Vou pela estrada
E cada estrela
É uma flor
Mas a flor amada
É mais que a madrugada
E foi por ela
Que o galo cocorocô

Caetano Veloso

A madrugada

Podemos viver nossa madrugada a qualquer hora do dia, quando acontecem reações provocadas por acontecimentos externos que são perturbadores; acontecimentos que a pessoa não consegue localizar em seu quadro de referência, e que faz com que tudo na vida dela se torne incerto. Pode ser algo grande, como a morte de um ente querido, uma doença, a perda do emprego, o fim de um relacionamento... Esses são acontecimentos que nos afetam profundamente e podem nos conduzir à beira do abismo quando permitimos que a verdadeira luz se apague, que o sol da nossa vida deixe de brilhar. Nesse momento, ficamos iguais a um relógio solar, sem poder contar as horas porque a luz não é presente. Tudo é sombra.

Nessas horas da madrugada é que a lágrima cai, gritando e gemendo a dor calada. É no silêncio da madrugada que buscamos nos encontrar nos ecos que soam e não sabemos de onde vêm, restando-nos o abraço acolhedor da solidão amiga que nos ajuda a colar os pedaços do vazio que ficam da nossa alma agitada pela ausência da ternura que dói o querer e não ter. É no silêncio da escuridão que tomamos consciência do valor da luz, pois, somente em sua ausência, no contraste com seu oposto, é que esperamos o alvorecer com as bênçãos transformadoras.

Faça-se a luz!

A luz nunca é tão almejada quanto a que surge da escuridão. Imaginemos o amanhecer rompendo o negro céu com seus raios quentes a clarear aquilo que não era visto. E como essa luz pode tocar profundamente todas as coisas, aquecê-las, especialmente se estiverem emergindo de uma madrugada fria e escura. O contraste cria dinâmica – vida, movimento, crescimento, mudança... Assim, a escuridão tem uma função em nossa vida: o breu das madrugadas nos aponta para a luz como uma motivação para a mudança e o crescimento.

A verdadeira luz é Cristo, e a oração é o modo pelo qual nos encontramos com Ele e nos deixamos iluminar, abandonando a ignorância da treva e do pecado para mergulhar no infinito horizonte da fé, que consequentemente nos insere na oração. Fé e oração são vias de mão dupla: a oração vem da fé, e a fé nos leva à oração. Portanto, viver em Cristo é viver na luz, o que implica uma vida de fé e oração, para que o ser humano em sua totalidade esteja em certo equilíbrio entre fé, oração e ação.

Blindar-se contra a verdadeira luz que é Cristo, na verdade, é romper esse equilíbrio que traz como consequência a queda do mundo na escuridão. Essa atitude de privar-se da Luz, na realidade, é a morte – que não necessariamente passa pela ausência da vida física, mas, sim, pela extinção de qualquer movimento em nosso coração, em nossos sentimentos, em nossa mente. Vivemos como mortos, sem ter sentido, quando estacionamos diante da vida, perdidos na escuridão, sem desejar a Luz. Somente a autorrealização é que nos permite viver a vida com inteira liberdade, e, consequentemente, nos impulsiona a crescer na confiança em Deus. Quando confio em Deus, logo cresce a minha autoconfiança; se Deus é o meu chão, meu fundamento, eu também me torno seguro, e, portanto, iluminado. Compreendamos, pois, como iluminados, não um modo vigoroso e sem problemas ou infortúnios em que podemos nos apresentar ao mundo, mas uma maneira de nos sentirmos amparados e aceitos como de fato somos.

Do mesmo modo que podemos nos reconhecer como chamados à vida a partir do convite de Deus, e desde então compreender que só seremos luz quanto maior for a aceitação ao chamado, precisamos ter a clareza de que a recusa a essa maneira de viver e de compreender o Cristo como verdadeira luz nos leva a viver permanentemente nas trevas. Aqui entendamos trevas como todo ato histórico da pessoa humana que passa pela negação ao apelo da palavra divina e pelo fechamento em si mesma, agarrando-se com unhas e dentes aos falsos botes salva-vidas da autossuficiência e do egoísmo que matam a possibilidade de dedicar sua existência à busca do bem comum, fechando-se, procurando manter uma orgulhosa independência que ainda mata a verdade – Cristo.

A perseverança na fé e na oração dá garantias de querer realizar a vontade de Deus na nossa vida, solidificando em nós o desejo pela santidade: "Seja feita vossa vontade". Somente quem obedece ao Pai entrará no Reino de Deus (Mt 7,21), logo, quem aceita a Luz verdadeira pode deixar-se iluminar por ela e também tornar-se um iluminador. Assim compreendemos melhor quando Jesus afirma: "O teu olho é a luz de teu corpo. Se o teu olho for são, todo o teu corpo será luminoso" (cf. Mt 6,22). De fato, pode-se assegurar que se seu intuito é reto, seu interior estará cheio de luz. Se seu coração é puro, verá as coisas como elas realmente são. De tal modo, quando respondemos positivamente ao convite de Deus e aceitamos o Cristo como luz verdadeira, todo o nosso entorno passa a ter o significado real da criação de Deus, que viu que tudo era bom. Esse modo de ver as coisas e as pessoas lança-nos para um relacionamento a partir da eternidade, o que nos faz experimentar a bondade divina de maneira sempre nova, encontrando-o sempre que o buscamos de todo o coração.

O drama da vida

Somos tomados por tantas preocupações que, do anoitecer ao amanhecer, os deveres, as inquietações, os medos, as inseguranças, a ansiedade procuram nos suprimir, deixando-nos muitas vezes em uma escuridão interior tamanha que não conseguimos ver nada. De tal circunstância é que surgem as perguntas inquietantes: Como resolverei isso? Como farei aquilo? De que modo conseguirei resolver essa questão? Por que isso aconteceu comigo? ... Até buscamos com sinceridade a Deus, mas somos tantas vezes subjugados por nossos medos, inseguranças, paixões desordenadas, timidez, curiosidades desenfreadas, avareza, ambições, ganância, sede de poder e tantos outros sentimentos formadores de uma avalanche de questões, dúvidas, arrependimentos, preocupações, tensões, que se origina daí uma tempestade que tende a nos retirar de nós mesmos, lançando-nos enfim na escuridão. Nossa alma grita: "Quem me libertará deste meu ser, instrumento de morte?" (Rm 7,24).

Primeiro é preciso nos perceber diante dessa situação de escuridão e de tormento causada por nossos apegos e afeições desregradas, e sentir a necessidade de dominar tal situação, pois basta uma só inclinação desordenada para não permitir que o dom de Deus se torne concreto, impedindo-nos, assim, de nos unir a Ele. Visto que as falsas alegrias vêm sempre engravidadas de profundas tristezas e de impeditivos ao progresso espiritual, isso acaba nos deixando presos à lama de pecado e escuridão. Precisamos estar atentos aos nossos movimentos interiores, em estado de vigilância: "Vigiai e orai, para que não entreis em tentação; na verdade, o espírito está pronto, mas a carne é fraca" (Mt 26,41). Observar nossa desordem e o alvoroço da mente, que mais parece uma borboleta a vagar, vai nos fazer perceber a real situação em que nos encontramos. E, em um silêncio interior, vamos nos dar o direito de contemplar a nós mesmos com sinceridade, sem julgamentos ou acusações, sem analisar e sentenciar nosso eu real.

Estamos trilhando um caminho de santidade que exige, de cada um de nós, paciência diante dos próprios limites e perseverança no ideal de santificação, "porque esta é a vontade de Deus, vossa santificação" (Ef 1,4). Nossos arrependimentos dão-se a partir de algumas coisas que falamos ou fazemos sem pensar. Às vezes agimos por impulso, pelo momento, e daí é que constatamos que realizamos um ato involuntário. Assim, é necessário vigiar os nossos abalos e iniciar um diálogo interno, prevendo as possíveis consequências de nossos atos.

Essa também deve ser a nossa atitude antes de um impulso ruim, como a violência, por exemplo, ou mesmo diante de algo que, em um primeiro momento, nos pareça prazeroso, mas que pode nos trazer consequências desastrosas ou situações com as quais não estamos preparados para lidar. Poderíamos aqui dar início a uma lista de circunstâncias que cada um de nós conhece e que faz parte do nosso cotidiano.

Porém, mesmo quando paramos e pensamos nas situações, ainda não estamos livres dos acontecimentos lamentáveis nem das tomadas de atitudes mais acertadas sem saber o porquê. E, na maioria das vezes, nos perguntamos: Onde eu estava com a cabeça? Entretanto, a pergunta deveria ser: "O que estava em minha cabeça?". Todos sabemos que o nosso cérebro produz o pensamento, a capacidade humana que permite aos seres modelarem o mundo através de um processo de racionalização, decisão e, por fim, transformação do seu mundo exterior e interior. Pois toda ação, por mais impulsiva que seja, é precedida do pensamento. É de fundamental importância, então, ficarmos vigilantes de nossos sentimentos para podermos descobrir nosso equilíbrio certo, e, assim, sentir e nos perceber capazes de nos doar – o que de fato nos torna vivos.

O caminho da escuridão

O ser humano não chega à desordem absoluta de imediato, mas pouco a pouco vai trilhando o caminho sombrio da perversão alicerçada na desordem do egoísmo que o impede de amar a Deus sobre todas as coisas, isto é, de responder positivamente ao convite do Senhor para se deixar iluminar pela Luz que é Cristo. Ao contrário, as paixões desordenadas vão inclinando todos nós a nos separarmos Dele. É evidente que pecamos, que nos desviamos de Deus e nos afastamos Dele cada vez que tendemos a um bem criado, indo contra a vontade divina. Isso é a consequência fatal de um amor desordenado a nós mesmos, que vem a ser a fonte de todo pecado.

É necessário não somente administrar esses sentimentos desordenados, mas, sobretudo, mortificá-los para que o amor verdadeiro ocupe nosso interior, distanciando o egoísmo. Quando permitimos que a escuridão do pecado prevaleça dentro de nós, nos amamos acima de todas as coisas, antepondo-nos a Deus, e, por conseguinte, queremos que Ele se dobre aos nossos quereres. Ao contrário, porém, quando amamos a Deus mais do que a nós mesmos, o amor ordenado se estende de tal maneira que toda a nossa corporeidade fica a serviço do bem da alma, não obstando a vida superior. Amar a alma é um convite a participar eternamente da vida divina; amar sua inteligência e vontade nos faz participar mais e mais da luz e do amor de Deus. Aqui, sim, encontramos o sentido de desgostar das paixões desordenadas, contrárias à vontade divina.

Entendendo o pecado

Santo Tomás de Aquino, na questão 72 da Suma Teológica IV[1], discorre que:

> *Os pecados carnais são mais vergonhosos que os espirituais porque nos rebaixam ao nível do animal; contudo, os espirituais, os únicos que se compartilham com o demônio, são mais graves, porque vão diretamente contra Deus e nos afastam dele. A concupiscência da carne é o desejo desordenado do que é ou parece útil à conservação do indivíduo ou da espécie, e deste amor sensual provêm a gula e a luxúria. A concupiscência*

---

1. AQUINO, TOMÁS DE. *Suma teológica IV*. São Paulo: Loyola, 2005. q. 72, a. 1 – 3.

> *dos olhos é o desejo desordenado do que agrada a vista, o luxo, as riquezas, o dinheiro que nos proporciona os bens terrenos; dela nasce a avareza. A soberba da vida é o desordenado amor da própria excelência e de tudo aquilo que pode ressaltá-la; quem se deixa levar pela soberba, erige-se a si em seu próprio deus. Daí se vê a importância da humildade, que é virtude capital, tanto quanto o orgulho é fonte de todo pecado.*

Santo Tomás ensina que a soberba é mais que um pecado capital: é a raiz da qual procedem mormente quatro pecados capitais: vaidade, preguiça espiritual, inveja e ira. A vaidade é o amor desordenado de louvores e de honras; a preguiça espiritual entristece-se pensando no trabalho requerido para santificar-se; a ira, quando não é uma indignação justificada e sim um pecado, é um movimento desordenado da alma que nos inclina a rechaçar violentamente o que nos desagrada, de onde se seguem as disputas, injúrias e vociferações.

Esses pecados capitais, sobretudo a preguiça espiritual, a inveja e a ira, causam tristezas amargas que afligem a alma e são totalmente contrários à paz espiritual e ao contentamento, ambos frutos da caridade. Não deve a pessoa humana apenas contentar-se em moderar tais germes de morte, senão também mortificá-los. A prática generosa da mortificação dispõe a alma para outra purificação mais profunda que Deus mesmo realiza, com o fim de destruir completamente os germes de morte que ainda subsistam em nossa sensibilidade e faculdades superiores.

Torna-se insuficiente considerar, avaliar, analisar e compreender o fundamento dos sete pecados; é necessário ir mais longe. Trata-se de tocar suas consequências, ou seja, analisar as más inclinações que o pecado imprime em nosso comportamento, o que marca nosso temperamento e, consequentemente, o modo de ser e agir no mundo, mesmo depois que experimentamos a abraço da misericórdia quando realizamos nossa confissão e temos apagados os pecados pela absolvição. Entretanto, também podemos compreender como consequências dos pecados capitais os demais que têm sua origem neles. Os pecados capitais assim são chamados porque são como um princípio de muitos outros; temos, primeiro, inclinação para eles, e, depois, por meio deles, inclinação para outras faltas às vezes mais graves.

Eis o nosso limite: ser humano

A entrada do sofrimento no mundo é conhecida a partir da compreensão da Palavra de Deus, mais precisamente no livro do Gênesis 3, quando encontramos a raiz do pecado original em todo o seu contexto de desobediência dos nossos primeiros pais, que foram protagonistas do evento que mudou o curso da humanidade.

Ao criar o homem e a mulher, Deus concedeu-lhes dons maravilhosos, que os livrara da morte e do sofrimento, e esses dons teriam sido a herança de Adão para os seus descendentes. Todavia, para que isso acontecesse, Deus pediu uma única coisa: que, por liberdade, dessem seu amor a Deus, pois foi para esse fim que Ele criara o ser humano, para que, com Seu amor, homem e mulher lhes dessem glórias.

É da própria natureza do amor autêntico a entrega completa de si mesmo ao amado. Isso faz com que a vida flua de dentro de nós quando nos doamos, quando nos envolvemos com as pessoas, e nosso engajamento nos causa alegria. Com isso, podemos afirmar que na vida só há um modo de provar nosso amor a Deus, que é fazer a Sua vontade. Por esse motivo, Deus deu uma ordem, uma única ordem, ao homem e à mulher – que eles não comessem do fruto de determinada árvore. Essa era a orientação para o ato de obediência, e esse ato precisava existir como prova de amor do homem e da mulher que livremente escolheriam Deus.

O desfecho da história todos nós conhecemos: Adão e Eva falharam na prova de amor para com Deus. A partir daí, o sofrimento entrou no mundo, a vida tornou-se um fardo; os filhos nasceram entre dores, e o suor do rosto foi a condição para que o alimento pudesse ser conquistado. Antes, a vida era sem sofrimentos, sem dores. A partir desse instante, então, o pecado original entra no mundo, e com ele a dor e o sofrimento.

Grosso modo, podemos correr o risco de resumir o relato bíblico e compreender o pecado original simplesmente como uma desobediência, porém, é mais que isso: foi um pecado de soberba. A cobiça corrompeu o espírito do homem e da mulher antes que esses realizassem a desobediência. Esse ato falho é muito bem compreendido por nós, porém, muitas vezes deixado de lado. Assim, levando em consideração a ignorância e a fraqueza humanas, tendemos a compreendê-lo, até certo ponto, como algo que não se pode evitar. Entretanto, o pecado é algo lamentável, pois recordemos, e não podemos esquecer, que, antes da queda, não havia ignorância ou fraqueza – Adão e Eva pecaram com total e absoluta clareza e domínio das paixões pela razão. Antes não havia desculpa alguma; eles escolheram a si próprios no lugar de Deus.

O limite é pai do sofrimento

É do limite da condição humana que nascem os sofrimentos, pois, ao pecar, Adão e Eva derrubaram o templo da criação sobre suas cabeças, deixando os destroços para sua descendência. Recebemos a herança de Adão e, por conseguinte, somos pecadores naquele que pecou primeiro. Essa herança nos torna predispostos ao pecado; uma vez que já possuímos as marcas do primeiro pecado, possuímos também em nós o limite que poderá nos conduzir a pecar a partir das nossas escolhas que acontecem no processo do desenvolvimento do juízo moral.

Pelo nosso limite, consequência do pecado original, somos finitos, e, dessa condição, jamais poderemos nos libertar, pois a nossa natureza humana perdeu a graça em sua própria origem. Empreendemos com isso um processo de renascimento que fazemos constantemente ao lidarmos com nossas fronteiras na busca pela nossa humanidade. Ao nos perceber limitados, reconhecemos também que nascemos em estado de pecado original, e reivindicamos o nosso direito de ser humano, e buscamos por aquilo que um dia tivemos: a graça santificante.

Em miúdos, podemos dizer que o pecado original nada mais é que a falta de algo;

assim como na escuridão há falta de luz. A nossa escuridão só poderá ser iluminada quando a luz que é Cristo aparecer – aí seremos cintilados ao abrirmos as portas do nosso ser para a verdadeira luz.

Consequências dramáticas

A consequência dramática do pecado original é o distanciamento do homem de Deus. Quando homem e mulher se perceberam nus, esconderam-se fugindo de Deus. Quem primeiro se afasta é o homem e a mulher, antes mesmo de Deus pronunciar a sentença; a expulsão do Paraíso como pena imposta pelo Criador só ratificou a vontade profunda que eles manifestaram em separar-se desse Deus amor. Embora o homem e a mulher tenham desejado livrar-se de Deus, Deus não os abandona. É o que rezamos na liturgia:

> *Em vosso amor de Pai,*
> *Criastes o homem e a mulher,*
> *Dando-lhes origem e destino divinos.*
> *E, quando pecaram, quebrando a aliança,*
> *Vossa justiça os puniu;*

*Mas vossa misericórdia os resgatou,
Por Cristo, vosso Filho e Senhor nosso.*[2]

Pelo pecado original sofremos. E aí, chegamos à raiz da maioria de nossos problemas: os limites. Todo sofrimento humano provém da limitação que o ser humano enfrenta no momento de confrontar-se com determinadas situações. Um exemplo comum disso é quando precisamos lidar com perdas, sobretudo quando se trata de algum ente querido, seja lá por qual motivo for. Sofremos porque nos deparamos com nossos limites. O limite da ciência em relação àquela doença, o limite humano em aceitar que absolutamente nada do que se possa fazer irá mudar aquela realidade, o limite de não ter alternativa, o limite de, o limite por, o limite devido a… Sofre-se cada dia um pouco mais, porque somos absurdamente limitados. Entretanto, às vezes, a escuridão do limite aparece a partir do próprio interior, sem um motivo claro, sem um evento que o justifique. São

---

2. Prefácio Comum II – A Salvação de Cristo.

as cargas antigas da história de cada um que foram gravadas na alma, e, em alguns momentos, por não estarem devidamente curadas, vêm à tona experiências dolorosas, possivelmente inconscientes e que temos de lidar com sentimentos sombrios, medos e dúvidas. Experiências intensas de carência, solidão e fracasso podem aparecer sem razão, fazendo-nos perder o equilíbrio tanto quanto qualquer outro evento externo.

Itinerário rumo a Deus

Nesse momento de tanta aflição é que devemos nos ter nas mãos, nos devolver a nós mesmos, buscando iluminar com a verdadeira Luz essa madrugada escura que se está vivenciando. Silenciar. Nessa hora, é preciso entregar-se ao Senhor pela fé, e, por meio da oração, deixar que Deus indique por onde seguir primeiro, uma vez que, enquanto nossa alma estiver apegada em nossas próprias capacidades e afeições dissolutas, inúteis serão nossas tentativas de organizar nosso interior. E sem saber como nem por onde, chegaremos ao nosso eu mais íntimo no qual poderemos experimentar a Luz verdadeira que é Cristo – sol que rompe a madrugada fria e vem produzir em nosso interior suavidade, paz, consolação, luz, pureza e força.

É preciso sempre nos afastar da margem, ultrapassar os problemas que nos tiram a paz interior, vencer a dor, o incômodo, a insegurança, o medo, o comodismo e obedecer ao Mestre, verdadeira Luz, que nos pede "avance para águas mais profundas!" (Lc 5,4). O fundo do mar é o coração de cada um de nós, que faz com que abandonemos o nosso comodismo para irmos ao encontro da atenção, da acolhida, da escuta de todo aquele que se dispõe a ser iluminado pela verdadeira luz. Pedro obedeceu e avançou, e, mesmo depois de uma jornada de frustrações, de um trabalho perdido durante a noite inteira, de uma labuta infrutífera, decide que, baseado apenas na palavra de Jesus, valeria a pena tentar mais uma vez – e o resultado foi maravilhoso. As redes vieram repletas de peixes, trazendo-lhes a novidade de um mundo novo.

Com essa experiência diante da abundância inesperada, que simboliza as experiências mais fortes da vida, o reencontro com a esperança depois da derrota e da decepção, Pedro, como todos nós, sentiu-se pequeno, assustado, pecador e pediu que Jesus dele se afastasse. Mas Ele olhou para

Pedro, como olha agora para cada um de nós, para dizer que não podemos ter medo, e, sim, precisamos nos colocar em missão para transformar as realidades, semear e cultivar belezas, nos convocando como filhos bem amados a procurar a santificação. São nas nossas madrugadas que devemos buscar nos aproximar de Cristo, verdadeira Luz, para realizar a reconciliação, pois Nele nossos limites são transformados em possibilidades; o que antes era fraqueza agora se torna força.

Desde que nascemos buscamos aquilo que em nós é ausente:

> *"... a Luz eterna. Luz que não conhece o tempo e revelada no tempo; Luz manifestada pela carne e oculta por natureza; Luz que envolveu os pastores e se fez para os magos guia do caminho. Luz que desde o princípio estava no mundo, por quem foi feito o mundo e o mundo não a conheceu. Luz que veio ao que era seu, e os seus não a receberam."[3]*

---

3. *Liturgia das horas*, v. II. Tradução para o Brasil da 2. ed. São Paulo, Editoras Vozes, 1999. p. 366.

O caminho para esse encontro nada mais é que o crisol do amor – quando vamos nos revestindo do que nos falta e abandonando o que nos sobra, nosso humano se transforma em divino.

"Orai sem cessar" (1Ts 5,17)

Quando falamos em oração, precisamente estamos tratando de uma relação de dois amantes; é um diálogo de amor que quase nunca necessita de palavras, pois acontece no encontro de interioridades. Para isso, é preciso que a pessoa faça um percurso para o próprio interior, pois é somente na interioridade que pode acontecer o encontro com Deus. Quem insiste em permanecer na periferia da alma dificilmente fará essa experiência do mistério vivente em Deus. Avançando nessa busca interior, mergulhamos em um deserto, em uma solidão aprazível de quem espera e procura a mais incessante Luz – e é aí que se dá a relação do ser humano com Deus, na alma, lugar do encontro.

Se perpassarmos, porém, nosso olhar para o modo como muitos de nós rezamos, através dos frutos que colhemos na vida de oração, poderemos constatar que muitos ainda vivem na periferia espiritual, privando-se de ir ao centro, à alma, região fronteiriça, lugar do encontro entre Deus e o homem. E, com isso, não passam de principiantes na oração, permitindo-se viver uma vida orante de ilusões que desemboca em desilusões nas quais a gula, a avareza, a luxúria, a ira, a inveja, a preguiça e a vaidade movem-se com facilidade em suas almas. Deixar a infância espiritual é aceitar o convite de Jesus: "Sede perfeitos como vosso Pai celeste é perfeito" (Mt 5,48).

Sentimo-nos obrigados a rezar? Sabemos rezar? Valorizamos como meio de santificação as práticas de piedade que a Igreja nos ensina? Gastamos tempo meditando os mistérios do rosário, dedicando um instante de adoração diante de Jesus eucarístico? É necessário fazer um caminho de retorno espiritual, resgatando em nós, mais do que uma obrigação, um desejo de rezar. Passar de uma oração discursiva, mental, fria, para uma vida de oração permanente, contemplativa e encarnada nos faz realizar uma grande e decisiva viagem, sair do racionalismo religioso para uma vida espiritual mística, um caminho verdadeiramente espiritual que nos fará realizar com bastante ardor a nossa vida cristã. Um verdadeiro itinerário de transformação, ou seja, a oração proporciona um benefício curativo para a alma, imprimindo-lhe um desejo de participar da vida eterna. Portanto, nesse percurso da vida de oração, devemos realizá-lo não para comunicar algo a Deus, mas para receber d'Ele o que nos quer comunicar, e assim nos purificar de tudo o que vem para confundir, manchar, nos afastar do seu divino amor.

Buscar a Deus cedo não quer dizer somente, ou exclusivamente, na madrugada da noite que passou, mas pode bem querer dizer na madrugada da vida, no momento em que passamos pela escuridão, seja enquanto crianças, adolescentes, jovens, adultos, idosos. Seremos mais, e durante mais tempo, abençoados quando formos introduzidos no fogo da contemplação amorosa nos convertendo em Deus, assim como a madeira no fogo se converte em fogo. Por isso, somos convidados a erguermos juntos nossos corações a Deus, para que, em oração, possamos pedir-lhe graças e viver uma Madrugada de Bênçãos.

Parte II

> Quando vieres libertar os cativos,
> não te contentes de atravessar as sete
> prisões dos sete vícios capitais.
>
> O calabouço último,
> o poço mais profundo,
> é o egoísmo.
>
> D. Hélder Câmara

Sete dias de oração durante a madrugada

Procurando um caminho espiritual para uma união da alma com Deus, você é convidado a rezar de forma metodológica sua vida a partir da realidade humana, por isso o convidamos a entrar na madrugada escura do seu viver para conhecer as fraquezas que possam existir em sua vida. Você se conhece bem? Todos nós buscamos de certa forma o autoconhecimento, mas nem sempre conseguimos ter um panorama limpo de quem somos. Somos dotados de virtudes e defeitos – os defeitos nos distanciam de Deus, enquanto as virtudes são o esforço sincero de identificar nossa vontade com a vontade de Deus.

Porém, nesse caminho que nos propomos a fazer, queremos nos deter em nossas fraquezas, para superá-las com nossas virtudes. Todos nós possuímos defeitos, é certo, mas em cada um de nós há um defeito que se destaca mais do que os outros – e esse é o nosso maior obstáculo para o crescimento espiritual. É bom que fique claro que o defeito não é a mesma coisa que o pecado. Os defeitos são nossos pontos fracos, nossas fragilidades, uma fraqueza de caráter permanente, que nos faz praticar eventualmente o pecado. Por sua vez, o pecado é algo eventual, isolado, que deriva do nosso defeito. Portanto, a luta contra o pecado passa necessariamente pelo cuidado com os defeitos. Enquanto não arrancarmos a raiz (os defeitos), os pecados continuarão nascendo.

A Igreja nos apresenta uma lista de sete defeitos ou fraquezas – os *pecados capitais*. Esses estão na raiz de quase todos os pecados, presentes como vícios dominantes da natureza humana.

Apresentamos-lhe, aqui, uma sequência de sete madrugadas de oração, em que rezaremos para um pecado capital a cada madrugada. Confrontando o pecado com uma virtude, você poderá chegar, por meio da oração, àquele defeito que mais se destaca e começar a cuidar dele, prevenindo a concretização de pecados, e alcançando a graça que seu coração tanto deseja. A partir dessa prática de oração, o modo como avaliaremos nossa consciência será alterado, pois, em vez de nos perguntarmos apenas "Quais pecados cometi", aprofundaremos a questão e nos indagaremos "Por que os cometi?", ou seja, qual a raiz do pecado.

Como rezar o septenário da madrugada

O setenário da madrugada pode ser iniciado em qualquer dia da semana e repetido quantas semanas forem necessárias, fazendo o seguinte:

- Começar cada oração com o *sinal da cruz*.
- Colocar-se diante de Deus e rezar de modo pessoal uma oração de entrega, pedindo ao Espírito Santo a graça desejada para aquela madrugada.

- Rezar a oração para todos os dias (página 59), repetindo a graça que deseja alcançar.
- Ler a meditação própria para o dia.
- Fazer a leitura bíblica indicada para cada dia. Durante a leitura bíblica, identificar os sentimentos que brotam no seu interior: gratidão ou remorso; alegria ou tristeza; frieza ou ardor; resistência ou entrega.
- Identificar, a partir do tema rezado, o pedido de perdão.
- Se achar conveniente, anotar os frutos da sua meditação e dos sentimentos, para que nada se perca.
- Rezar a oração proposta.
- Repetir a frase orante por diversas vezes.
- Concluir rezando um Pai-Nosso, três Ave-Marias e um Glória ao Pai.

Oração para todos os dias da semana

Senhor Jesus, tu és o esplendor
que rebrilha para baixo do juízo eterno,
irrompendo na noite da alma
que não reconhece a si mesma.
Venho, pois, com singular confiança,
vos buscar neste momento de escuridão,
para que minha madrugada
seja de bênçãos.
Coloco-me diante de vós como sou,
reconheço meus limites e busco
vossa graça santificadora.
Rogo-lhe o perdão dos meus pecados
que tanto me envergonham
e peço a graça de poder perdoar
a todos os que me fizeram mal.

Vem iluminar minha alma, ó Luz Bendita,
transformando a treva da madrugada
em manhã de luz,
para que eu vença
minhas batalhas cotidianas.
Cinge-me, Senhor, com o teu zelo,
reveste-me com vossa mansidão,
calça-me com as sandálias da humildade,
coloca-me o capacete da temperança,
ergue-me o escudo da castidade,
coloca-me a armadura da generosidade
e arma-me com a espada da caridade
para que eu possa lutar
contra todo pecado.
Distancia de mim, Senhor,
a gula, a avareza, a luxúria, a ira, a inveja,
a preguiça e a vaidade
que me movem para longe de vós.
Retira de mim toda espécie de vício
e dai-me a graça de vos amar acima
de todas as coisas sendo iluminado
por vossa luz. Preenche-me com
vossa unção e fortaleza,
iluminando meu caminho.
Toma, Senhor, minhas necessidades
espirituais e materiais para que,

sendo supridas por vossa providência,
não venha eu perecer.
Afasta de mim e de minha família
toda sombra do medo,
da insegurança e toda obra do maligno.
Rogo também, Senhor, por todos aqueles
que neste momento não podem dormir
por causa da tristeza, da depressão,
das preocupações, da insônia, das dores
que torturam o corpo e das perturbações
que afligem a alma.
Suplico vosso socorro por todos esses,
ó Deus de poder!
Coloco minha família e meus amigos
sob vossa proteção,
para que sejam guardados em vosso amor
e na vossa misericórdia.
Entrego-vos os meus inimigos,
recomendando-os a vossa bondade.
Mostra-me no silêncio desta madrugada
a vossa santa e divina vontade,
para que eu a cumpra fielmente.
Peço-vos, pois, neste septenário
da madrugada,
obter de vossa bondade a graça de
(***pedir a graça***....), que ardentemente desejo.

Por intercessão da Bem-Aventurada
Virgem Maria, vossa mãe e nossa.
Nesta madrugada,
dai-nos vossas bênçãos!
Amém.

1º dia:
Vencendo o orgulho da vaidade pela humildade

Em nome do Pai,
do Filho e do Espírito Santo.

Oração para todos os dias da semana

Meditação: o *orgulho* caracteriza-se como o mais tremendo de todos os pecados capitais. Foi ele que levou os anjos maus a se rebelarem contra Deus, do mesmo modo que conduziu Adão e Eva à desobediência e ao pecado original. Por outro lado, por ser o oposto do orgulho, a *humildade* é grande virtude, a que mais caracterizou o próprio Jesus, "manso e humilde de coração" (Mt 11,29), e também marcou a vida de Maria, "a serva do Senhor" (Lc 1,38), José, e todos os santos da Igreja.

Jesus, nosso Modelo, disse: "Não busco a minha glória" (Jo 8,50). São Paulo insistia no mesmo ponto: "É, porventura, o favor dos homens que eu procuro, ou o de Deus? Por acaso tenho interesse em agradar aos homens? Se quisesse ainda agradar aos homens, não seria servo de Deus" (Gl 1,10).

Adão e Eva, sendo criaturas, quiseram "ser como deuses" (Gn 3,5); Jesus, sendo Deus, fez-se criatura. Da manjedoura à cruz do Calvário, toda a vida de Jesus foi vivida na humildade e na humilhação. Por isso Jesus afirmou que, no Reino de Deus, os últimos serão os primeiros e quem se exaltar será humilhado.

Leitura da Palavra: Eclo 10,14-21.

Oração: ó Cristo, Filho unigênito do Pai, vós nos destes o maior exemplo de humildade. Ajuda-me a vencer as ciladas do inimigo conservando o meu coração semelhante ao vosso, livre do orgulho e da soberba. Que meu querer seja realizar sempre a vontade do Pai, assim como vós o fizestes. A vós me confio e em vossa poderosa proteção me recomendo. Enchei o meu coração das virtudes da humildade e mansidão, que são qualidades do vosso sacratíssimo coração. Amém.

Frase orante: "Aprendei de mim que sou manso e humilde de coração" (Mt 11,28).

(Rezar um Pai-Nosso, três Ave-Marias e um Glória ao Pai.)

2º dia: Contra a inveja, a caridade

Em nome do Pai,
do Filho e do Espírito Santo.

Oração para todos os dias da semana

Meditação: a *inveja* é o incômodo de desgosto ou tristeza perante o bem do próximo considerado como mal próprio, porque se pensa que diminui a própria grandeza, felicidade, bem-estar ou prestígio. Ela é companheira daquele que não aguenta a realização dos outros, e que não se contenta em ver alguém em situação melhor do que a dele mesmo. A inveja produz um desejo de fracasso para com o outro torcendo pelo mal, e, quando isso acontece, produz em seu interior uma falsa alegria. Onde existe inveja, há rastros de inferioridade, baixa autoestima, insatisfação pessoal e falta de amor próprio, além da falta de confiança em si mesmo. Esses sentimentos não podem nos dominar; eles estão indicando um estado de nossa alma que pela Graça pode mudar.

A *caridade*, ao contrário, alegra-se com o bem dos outros e une as almas; a inveja entristece e com frequência corrompe a amizade. A inveja é sintoma de que se necessita exercitar o desprendimento dos bens materiais e também crescer em caridade e humildade.

Diante disso, temos que nos precaver diante dela; uma vez que, movidos por inveja, somos levados a praticar muitas injustiças. Quantas fofocas, maledicências, intrigas, brigas, rivalidades, calúnias, ódios etc. acontecem por causa de uma inveja. O pior de tudo para nós, cristãos, é constatar que ela se entranha até mesmo nas obras e nos filhos de Deus. Podemos dizer seguramente que muitas rivalidades e disputas que surgem também no coração da Igreja são, tristemente, causadas pela inveja, ciúme e despeito.

Precisamos aprender a fazer com que a felicidade do próximo seja um motivo a mais para sermos felizes, e não o contrário.

Leitura da Palavra: Gl 5,18-26.

Oração: Jesus, volta o teu olhar amoroso para dentro de mim, e cura toda a inveja que possa ali existir. Prepara meu coração para a caridade a fim de que eu me alegre com as conquistas dos outros e do meu interior brote a verdadeira alegria. Cura minha inferioridade, ensina-me a amar-me, para que, livre das amarras, eu possa ser feliz com o próximo. Dai-me, Senhor, a caridade do vosso coração, e faz de minha alma vossa morada. Amém.

Frase orante: "A caridade é paciente, a caridade é bondosa. Não tem inveja. A caridade não é orgulhosa. Não é arrogante" (1Cor 13,4).

(Rezar um Pai-Nosso, três Ave-Marias e um Glória ao Pai.)

3º dia:
Contra a amargura da ira, a doçura da mansidão

Em nome do Pai,
do Filho e do Espírito Santo.

Oração para todos os dias da semana

Meditação: a *ira* é um movimento das nossas paixões que se revolta contra aquilo que não nos agrada; como seres humanos, rejeitamos tudo o que é contrário aos nossos quereres. É legítimo reagir diante de obstáculos ao bem. Todavia, a ira torna-se uma arma contra a mansidão quando do nosso interior brotam o desejo de vingança e de brigas, insultos e pragas.

Jesus nos apresenta um meio pelo qual nossa ira deverá ser aplacada, maior lição de amor que consiste na grande novidade: "amar o inimigo" (Mt 5,44). Enquanto todos ensinam que é necessário manter o "olho por olho e dente por dente", o Mestre Jesus, por outro lado, ensina a *mansidão*; isto é, "não pagar o mal com o mal", mas, sim, com o bem. Aqui está o segredo do cristão para destruir a força do pecado do inimigo: o perdão e não a vingança.

Ele morreu na cruz dolorosamente, dando o maior exemplo do que é perdoar. "Pai perdoai-lhes, porque não sabem o que fazem" (Lc 23,31). Precisamos olhar para a cruz de Cristo e modificar nosso interior mortificando nosso ímpeto e mantendo nosso coração na mensagem do Evangelho, para que o perdão que brota da obediência do seguimento de Cristo seja a expressão mais profunda de obediência ao Senhor.

"Perdoai-nos as nossas ofensas, assim como nós perdoamos aos que nos ofenderam" (Mt 6,12) é a condição para mergulhar na *misericórdia*. É bem verdade que não é nada fácil expressar o perdão para aqueles que feriram nossa alma de alguma forma: aquela pessoa que o magoou, aquele "amigo" que traiu nossa confiança, o assassino do seu filho, ou aquela mulher que seduziu o seu marido. Mas Jesus já nos adianta: "Se amais somente os que vos amam, que recompensa tereis? Não fazem assim os próprios publicanos? Se saudais apenas vossos irmãos, que fazeis de extraordinário? Não fazem isto também os pagãos?" (Mt 5,46-47). Se fosse fácil, não teríamos mérito algum!

Leitura da Palavra: Mt 5,46-47.

Oração: Jesus, manso e humilde de coração, tornai meu coração semelhante ao vosso! Tende misericórdia de mim e de todos aqueles que precisam do vosso perdão. Enviai a cada um de nós vosso Santo Espírito para transformar nosso coração, que está tão duro quanto a rocha. Abri nossos corações à Vossa Palavra, curai nossas feridas do pecado, e distanciai a ira e toda consequência má, para que o bem seja realizado no mundo e a mansidão invada nossa alma. Assim transformaremos a escuridão e a dor em vida e alegria. Amém.

Frase orante: "Não deis ocasião ao demônio; não se ponha o sol sob a vossa ira" (Ef 4,26).

(Rezar um Pai-Nosso, três Ave-Marias e um Glória ao Pai.)

4º dia:
De um eu avarento, para um ser generoso

Em nome do Pai,
do Filho e do Espírito Santo.

Oração para todos os dias da semana

Meditação: a *ganância* é a expressão mais comum da avareza. Jesus, já no Sermão da Montanha, alertou os discípulos para este perigo: "Ninguém pode servir a dois senhores, porque ou odiará a um e amará o outro, ou dedicar-se-á a um e desprezará o outro. Não podeis servir a Deus e ao dinheiro" (Mt 6,24). Há um risco em transformar o dinheiro em um deus, por isso São Paulo considera a avareza uma forma de idolatria, pois o avarento (ou ganancioso) é o que anda aflito por ganhar mais dinheiro, sempre cogita meios de aumentar seus cabedais, permitindo que os bens estejam no controle da vida, tornando-os servos. A fortuna, para ele, é um fim, e não o meio de prover às necessidades da existência, e é isso que faz a pessoa amá-lo como a um deus.

É importante que a pessoa não se torne serva do dinheiro, focando sua vida e atenção no ter e no acumular. É bem verdade que todos nós necessitamos prover nossas necessidades, e, para isso, necessitamos de dinheiro para nos movimentar economicamente. O próprio Jesus tinha no grupo dos Apóstolos um que era responsável pelo caixa comum, um tesoureiro. O mal não está no dinheiro em si, mas na forma pela qual a pessoa se relaciona com ele, ou seja, o apego desordenado que faz a pessoa tratar o dinheiro como centro da sua vida. A *avareza* é bem diferente da economia, que consiste em regular as despesas pelos rendimentos: aquelas não excedendo estes. Não é vício. É virtude preciosa, estímulo do trabalho, e mãe da prosperidade. A avareza tanto se aninha no coração do pobre como no do rico, embora sejam estes mais levados a ela.

É preciso escutar o que Jesus fala no Sermão da Montanha: "Não ajunteis para vós tesouros na terra, onde a ferrugem e as traças corroem, onde os ladrões furtam e roubam. Ajuntai para vós tesouros no céu, onde não os consomem nem as traças nem a ferrugem, e os ladrões não furtam nem roubam" (Mt 6,19-20). Se Jesus recomenda "não ajuntar tesouros na terra", é porque essa riqueza e segurança são efêmeras e não podem nos completar na totalidade do nosso ser.

A avareza é um dos pecados mais vergonhosos e degradantes, visto que já não subordina o homem a coisas superiores, ou que estão ao seu nível de racionalidade, mas o escraviza àquilo que está abaixo dele – os bens materiais. Por causa de dinheiro, muitos se permitem praticar injustiças, fraudes, crimes, maldades, roubos e violência a fim de conseguir o que ansiosamente desejam. Jesus recomendou ao povo: "Guardai-vos escrupulosamente de toda avareza, porque a vida de um homem, ainda que ele esteja na abundância, não depende de suas riquezas" (Lc 12,15).

Leitura da Palavra: Lc 12,13-21.

Oração: Jesus, fonte de toda generosidade e misericórdia, sei quanto sou frágil e fraco diante da ganância do ter; livra-me com a vossa graça da tentação do apego aos bens deste mundo, concedendo-me um coração generoso, capaz de partilhar a vida, o amor e os bens que me destes. Rogo a vós a força do Espírito Santo para nos fazer entender a necessidade de uma vida de desprendimento e pobreza. Transforma nosso egoísmo em generosidade. Abri nossos corações à vossa Palavra, curai as feridas do pecado, ajudai-nos a fazer o bem neste mundo e a viver não só para nós mesmos, mas para os outros. Que transformemos a escuridão e a dor em vida e alegria. Amém.

Frase orante: "A raiz de todos os males é o amor ao dinheiro" (1Tm 6,10).

(Rezar um Pai-Nosso, três Ave-Marias e um Glória ao Pai.)

5º dia:
Da escravidão da luxúria, para um amar na castidade

Em nome do Pai,
do Filho e do Espírito Santo.

Oração para todos os dias da semana

Meditação: a gravidade do pecado da impureza, também chamado de *luxúria*, é que mancha um membro de Cristo. "Ora, vós sois o corpo de Cristo e cada um, de sua parte, é um dos seus membros" (1Cor 12,27).

Nenhuma virtude tem mais valor do que a castidade, porque ela, melhor que as outras, é o domínio do espírito sobre a carne, da alma sobre o corpo. O fato de o corpo contribuir para o surgimento da paixão pela luxúria requer que ela seja combatida também com meios que envolvam o corpo. Uma vez que não vivemos isolados e somos seres em relação, é importante modelar e guardar os sentidos, especialmente o ver e o tocar. Quando achamos que tudo podemos, vemos e ouvimos tudo, o que contribui para um não domínio da própria imaginação e das necessidades afetivas. Na era digital da modernidade, é necessário mais que nunca selecionar aquilo que vemos, para não transformar o nosso mundo interior em um depósito de lixo.

Vemos que, para o Apóstolo, entregar-se à prostituição é o mesmo que prostituir o corpo de Cristo. Essa é uma realidade religiosa da qual ainda não tomamos ciência plena; isto é, toda vez que eu peco, o meu pecado atinge todo o corpo de Cristo. Esta é uma das razões por que nos confessamos com o ministro da Igreja, para nos reconciliarmos com ela, que foi manchada pela nossa falta.

Portanto, é necessário entender que nós não apenas temos um corpo, mas *somos* um corpo. Nossa identidade está ligada ao nosso corpo; e tal realidade faz com que o pecado da luxúria (impureza) agrave-se na medida em que nos envolve em nossa totalidade: pessoa, corpo e alma.

O apóstolo Paulo nos recorda de que o Espírito Santo não habita apenas a nossa alma, mas também o nosso corpo; o que nos torna mais responsáveis e o que agrava muito mais sua profanação. "Ou não sabeis que o vosso corpo é templo do Espírito Santo que habita em vós, o qual recebestes de Deus, e que, por isso mesmo, já não vos pertenceis? Porque fostes comprados por um grande preço" (1Cor 6,19).

São terríveis as consequências da vida sexual desregrada antes ou fora do casamento: filhos que nascem sem o alicerce do matrimônio, adolescentes grávidas, sem preparo para serem mães; pais solteiros, filhos abandonados e "órfãos de pais vivos", abortos, adultérios, destruição familiar, doenças venéreas. O sexo é dom, mas, fora do plano de Deus, é uma desgraça, causa danos sérios na vida e na sociedade.

Leitura da Palavra: 1Cor 6,15-18.

Oração: Jesus, volta teu olhar para meu interior, lugar onde habita teu Espírito. Dá-me um coração puro e livre das paixões desordenadas. Conserva em mim a castidade de alma e de corpo, potencializando a capacidade de amar, livre da escravidão da luxúria. Quero viver na pureza, e com vossa graça sei que isso é possível. Purifica com vossa graça redentora todos os meus sentidos, para que meus pensamentos, olhares, gestos, palavras, atitudes, comportamentos possam me configurar convosco. Ajuda-me, Senhor, a buscar na oração e nos sacramentos o remédio e o alimento para vencer a minha fraqueza. Amém.

Frase orante: "Porque é do coração que provêm os maus pensamentos, os homicídios, os adultérios, as impurezas, os furtos, os falsos testemunhos, as calúnias" (Mt 15,19).

(Rezar um Pai-Nosso, três Ave-Marias e um Glória ao Pai.)

6º dia:
A infelicidade da gula superada pela firmeza da temperança

Em nome do Pai,
do Filho e do Espírito Santo.

Oração para todos os dias da semana

Meditação: Deus, ao criar o ser humano, deu a todos os instintos de comer e de beber acrescidos de prazer. O pecado da *gula* acontece quando a pessoa faz desse prazer a finalidade de seus atos ou quando alguém valoriza os prazeres da comida e da bebida mais do que os bens espirituais. A intemperança pode acontecer: no comer, beber, no abuso do fumo e uso das drogas.

As drogas desfiguram profundamente os valores físicos e morais da pessoa. Sua utilização torna-se uma mutilação psíquica, um atentado contra a própria vida. Isso vale também para o álcool quando há intemperança no beber (embriaguez) que desemboca na privação total do uso da razão. A prática do tabagismo enfraquece a energia do fumante e pode afetar-lhe a saúde física; e pode também gerar o egoísmo, a procura do prazer. Essas circunstâncias de excessos, bem como a utilização de coisas que maculam a saúde, tornam-se um ato exagerado pela degradação, atingindo a pessoa, que perde total domínio de si mesma.

A compreensão de gula é ampliada para várias dimensões de consumo, inclusive a de comer demais. Na Carta aos filipenses, São Paulo se refere àqueles cujo "deus é o ventre" (Fl 3,19); isto é o alimento. A Mãe Igreja nos aponta a gula como um vício capital – dele se originam outros males como: preguiça, comodismo, paixões, doenças etc. Podemos comer e beber com moderação e gosto, mas não podemos fazer da comida um meio só de prazer; isso desvirtua a alimentação.

Buscar a temperança em oposição à gula nos ajuda a fazer um caminho virtuoso, uma vez que a temperança é que evita todos os excessos do comer e do beber. A raiz da gula só será destruída a partir da mortificação, o que exige o auxílio do Espírito Santo, nosso santificador. Somente Ele, o Paráclito, pode extinguir em nós as paixões; esta ação poderosa do Espírito Santo, aliada à nossa vontade, vem em auxílio de nossa fraqueza, e dá-nos a graça de superar os vícios.

"Conduzi-vos pelo Espírito Santo e não satisfareis o desejo da carne" (Gl 5,16). "Se viverdes segundo a carne, morrereis, mas, se pelo Espírito, fizerdes morrer as obras do corpo, vivereis" (Rm 8,12).

A prática do jejum, proposto pela Igreja, torna-se um meio eficaz contra a gula; uma ferramenta que o cristão possui dentro da sua realidade.

A pureza da vida não vem com facilidades, mas com sacrifícios. O falso prazer nos torna escravos e nos domina em nossas desordens, e deixa-nos um gosto de morte; por isso é preciso que nos esforcemos para que, iluminados pelo espírito, possamos gerar vida através dos sacrifícios. O sacrifício torna sagrado o viver. Jesus nos mostrou o valor do sacrifício e a eficácia do jejum quando passou quarenta dias no deserto da Judeia, antes de enfrentar as ciladas terríveis do tentador, que o queria afastar do caminho traçado por Deus para Ele seguir, a fim de salvar a humanidade.

Leitura da Palavra: Gl 5,19-24.

Oração: Jesus, rei da paz, hoje venho lhe pedir por mim e por todos aqueles que precisam da vossa misericórdia. De vossa bondade recebemos as sementes da liberdade, da justiça, do amor e da paz. Tornai-nos fiéis semeadores da boa semente. Livra-nos do egoísmo, da injustiça e de todo mal e com vossa graça redentora arranca do nosso pensamento os frutos da morte, da ambição, da idolatria, da discórdia, da inveja e toda espécie de vício. Faz brotar na nossa alma a caridade, alegria, paz, paciência, afabilidade, bondade, fidelidade, brandura e temperança, para vencermos e lutarmos contra os vícios que nos retiram da vossa presença. Que o dom do amor seja derramado em nossos corações hoje e sempre. Amém.

Frase orante: "Não só de pão vive o homem, mas de toda Palavra que procede da boca de Deus" (Mt 4,4).

(Rezar um Pai-Nosso, três Ave-Marias e um Glória ao Pai.)

7º dia: Mortificar a preguiça com o zelo do trabalho

Em nome do Pai,
do Filho e do Espírito Santo.

Oração para todos os dias da semana

Meditação: *preguiça* é o apego desmedido ao descanso que leva a omitir nossas obrigações, ou a descuidá-las. O espírito e o corpo do ser humano que trabalha necessitam de repouso. Mas isso não pode vir a ser regra geral, e único fruto da existência. Essa tentação é uma forma de desânimo em razão do relaxamento da ascese, da diminuição da vigilância, da negligência do coração.

"O espírito está pronto, mas a carne é fraca" (Mt 26,41). Na verdade, preguiça é um diagnóstico de como está a minha alma, é uma doença espiritual.

A preguiça pode ser compreendida em dois níveis: o *corporal*, que se revela pelo desleixo das nossas obrigações; e o *espiritual*, que se destaca pelo não cumprimento dos deveres religiosos na oração, na meditação, contra o amor de Deus.

Pode-se pecar de diversas maneiras contra o amor de Deus: a indiferença negligencia ou recusa a consideração da caridade divina, menospreza a iniciativa (de Deus em nos amar) e nega sua força. A ingratidão omite ou se recusa a reconhecer a caridade divina e a pagar amor com amor. A tibieza é uma hesitação ou uma negligência em responder ao amor divino, podendo implicar a recusa de se entregar ao dinamismo da caridade. A acídia ou preguiça espiritual chega a recusar até a alegria que vem de Deus e a ter horror ao bem divino. O ódio a Deus vem do orgulho. Opõe-se ao amor de Deus, cuja bondade nega, e atreve-se a maldizê-lo como aquele que proíbe os pecados e inflige as penas.

A preguiça torna a vida inativa, e, consequentemente, franqueia todas as tentações, os caminhos da alma. "A preguiça é a mãe de todos os vícios." A preguiça espiritual põe em perigo a salvação eterna, pois "cada um há de receber a própria remuneração, conforme o próprio trabalho" (1Cor 3,8). Uma alma que se deixa envolver pela sedução da preguiça pode chegar ao ponto de esquecer-se de Deus, deixa de ir à missa, de rezar, de conhecer a doutrina da Igreja, de trabalhar na sua comunidade. Quando isso acontece, a pessoa corre o risco de permitir que as más inclinações sejam fortificadas, e cresçam livremente no terreno da alma, matando nosso espírito. Um mau trabalhador é um mau cristão.

O remédio para extirpar a preguiça é o trabalho, lei universal imposta pelo Criador. Como consequência do pecado original, Deus impôs ao homem a lei severa e redentora do trabalho. "Comerás o teu pão com o suor do teu rosto, até que voltes à terra de que foste tirado…" (Gn 3,19). Todo trabalho é uma continuação da atividade criadora de Deus. Com o nosso trabalho, contribuímos para que a criação continue sendo realizada. Deus derrama a sua graça sobre aquele que trabalha com diligência. O trabalho é a sentinela da virtude. Se com humildade oferecemos a Deus o nosso trabalho, este adquire um valor eterno. É dessa forma que vamos tornando as coisas eternas, e aquilo que era temporal vai se perpetuando.

Todos nós estamos sujeitos à lei do trabalho, até mesmo os abonados de riqueza, pois, para esses, existe o grande dever da caridade, que os manda trabalhar a fim de aliviar, mais eficazmente, a sorte dos pobres. A preguiça joga por terra toda essa riqueza. Um operário displicente é um mau cristão. Um profissional cristão e obstinado é um contratestemunho cristão. Querer viver sem trabalhar é como desejar a própria maldição nesta vida. São Paulo disse aos tessalonicenses: "Procurai viver com serenidade, trabalhando com vossas mãos, como vô-lo temos recomendado. É assim que vivereis honrosamente em presença dos de fora e não sereis pesados a ninguém" (1Ts 4,11-12).

Leitura da Palavra: Mt 19, 14-30.

Oração: Senhor, livrai-me do espírito de preguiça. Dai-me um grande zelo pelo trabalho, responsabilidade e serenidade diante de minhas obrigações. Que, ao me levantar, Senhor, jamais me esqueça de vos agradecer por mais um dia que me concedeis e a tudo eu faça com alegria, amor e em segurança. Que eu não ame o sono mais que o necessário para minha saúde. Que não me falte o pão de cada dia. Peço-vos por aqueles que estão sem pão, pelos que estão desempregados, pelos que passam necessidades. Livrai-os, Senhor, da tentação da preguiça. Possa eu com o suor do meu rosto trabalhar honestamente para que a miséria não me alcance no fim do caminho; saiba eu, com vosso discernimento, conter meus gastos, lembrando-me das necessidades de tantos irmãos que padecem. Que eu vos busque, Senhor, antes de todas as riquezas, pois vosso fruto é mais que o ouro refinado e vossas Palavras mais ricas que todos os tesouros deste mundo. Amém.

Frase orante: "A preguiça leva ao sono profundo, e o preguiçoso passa fome" (Pr 19,15)

(Rezar um Pai-Nosso, três Ave-Marias e um Glória ao Pai.)

Considerações finais

Este itinerário de orações quis ser mais uma ferramenta para despertar Deus nas almas, conduzindo cada um dos leitores a um encontro com Aquele que vem mostrar a face divina do Pai, Jesus Cristo, o Filho. Essa intimidade de amor consiste em um movimento transformador pelo qual a pessoa se deixa envolver com a grandeza sublime de Deus na própria alma, experimentando a suavidade do perfume divino, que a conduz e a move para uma vida nova.

O movimento que a pessoa faz para dentro de si mesma, observando as próprias falhas e defeitos para combatê-los com as virtudes, tem caráter de despertar do sono do pecado para um viver em Deus. Sem as cortinas da ignorância e dos defeitos podemos nos ver melhor, nos acolher e caminhar ao encontro de nós mesmos de tal modo que, gradativamente, sabendo quem somos e como agimos, vamos descobrindo Deus que habita em nós. Pensar em Deus nos faz ir ao seu encontro e permanecer na sua bondade, agindo a partir do bem, pois aquele que busca o que é bom despertou do pecado, acordou para a vida, abandonou o desconhecimento. Aqueles que permanecem na negligência do sono do pecado, ao contrário, não conseguem sentir-se a si mesmos nem se conhecer, o que os leva a acreditar que Deus os tenha abandonado. Na verdade, os descuidados de si mesmos descuidam de Deus e, consequentemente, não conseguem sentir a divina presença.

Deus jamais dorme. Ele permanece a velar por cada um de nós, de modo que nosso levantar e despertar seja n Ele. Por isso, Deus é o único que pode descortinar o coração do ser humano, fazendo-o acordar diante dele. É no íntimo da nossa humanidade que Deus habita secretamente e onde acontece nosso encontro com Ele. Para que sintamos isso, nosso interior deve estar livre dos apetites e das paixões desordenadas e de toda mácula e desordem possíveis que possam nos enganar no encontro com o sagrado e nos impossibilitar de receber o doce abraço majestoso.

Seguir este setenário de oração é como realizar uma faxina em nossa alma, limpando nossa casa interior para que Deus possa nela habitar. Quanto mais vazia e desocupada estiver a pessoa daquilo que não é de Deus, mas facilmente conseguirá sentir a suave presença do divino amado, uma vez que o sente dentro de si mesma. É nesse momento que o nosso interior se ilumina, e já não existem mais trevas nem escuridão; ao contrário, o sol da justiça já é alto e clareia tudo, tornando-nos despertos de Deus. Empreender esse processo de iluminar nosso interior é dar início à nossa história de amor com Deus, como nos recorda Santo Agostinho: Apaixonar-se por Deus é o maior dos romances; procurá-lo, a maior das aventuras; encontrá-lo, a maior de todas as realizações .

Que nossa busca pelo divino amado seja sempre e constante. Procurando-o, desejamos encontrá-lo cada vez mais e cumprir com nosso destino, que é senão adorar, amar e reverenciar a Deus, fonte inesgotável de toda graça. É Ele quem determina tudo. Nós o buscamos numa atitude de disposição para acolher a graça que Ele nos oferece: a de nos sentir criaturas muito amadas pelo Criador.